Petra Bartoli y Eckert

Lektüren für DaZ-Lernende

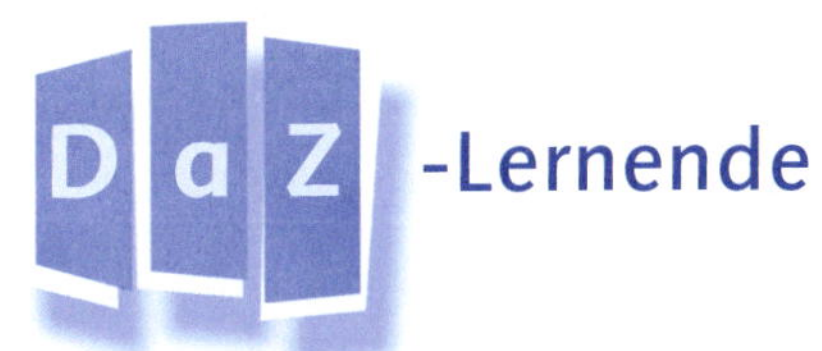

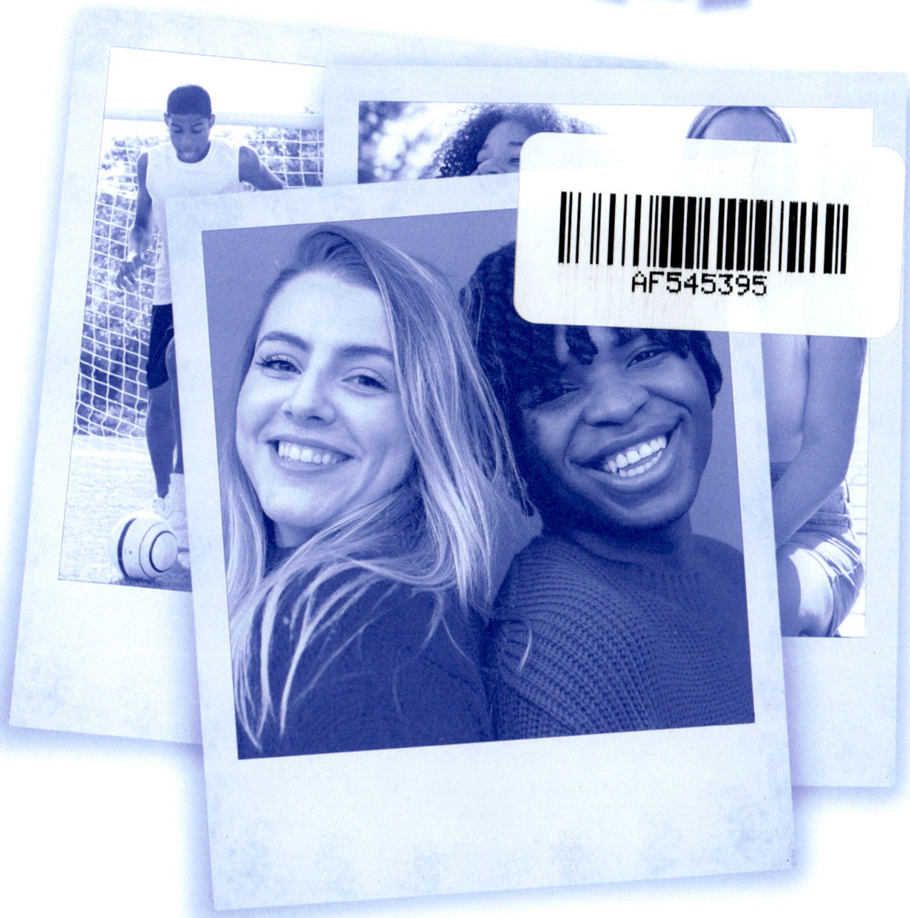

Freundschaft

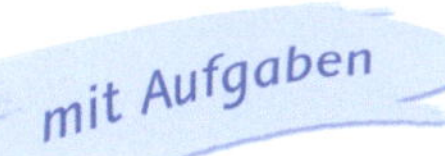

Ein Lesebuch mit kurzen Geschichten für Jugendliche

mit Aufgaben

Verlag an der Ruhr

Titel
Lektüren für DaZ-Lernende – **Freundschaft**
Ein Lesebuch mit kurzen Geschichten für Jugendliche

Autorin
Petra Bartoli y Eckert

Umschlagmotive und Kapiteldeckblätter
Hintergrund: © peshkova – Fotolia.com; Freundinnen: © Dasha Petrenko; junge Erwachsene: © Mr.vicpix – beide Shutterstock.com; Fußball spielen: © iStock.com – monkeybusinessimages; Polaroidrahmen: © vovan; Pinselstrich: © Hurca! – beide stock.adobe.com

Illustrationen
Matthias Pflügner

Abbildungen im Innenteil
Pinselstrich (Fußzeile): © Hurca! – stock.adobe.com

Druck
Heenemann GmbH & Co. KG, Berlin, DE

Für Jugendliche ab 12 Jahre

ISBN 978-3-8346-3545-7

Alle im Download befindlichen Vorlagen finden Sie unter:
https://www.verlagruhr.de/Freundschaft/9783834635457#downloads-tab-pane

Download-Icon: © JJAVA – stock.adobe.com

Lieber Leser, liebe Leserin*,

gibt es Menschen, die dir wichtig sind? Bestimmt gehören Nachbarn und Nachbarinnen, Personen aus deiner Schulklasse oder Mitglieder aus dem Sportverein dazu. Ich finde, es ist wichtig, echte Freunde und Freundinnen zu haben. Denn mit ihnen kann man Spaß haben. Man kann Bezugspersonen seine Sorgen erzählen. Oder man kann gemeinsam schöne Momente teilen. Und man kann zusammen Zeit verbringen.

In diesem Buch findest du fünf Geschichten über Freundschaft. Die habe ich mir ausgedacht. Aber vielleicht könnte eine Geschichte so oder so ähnlich auch in Wirklichkeit passiert sein. Vielleicht in Hamburg, Köln, Stuttgart, Berlin oder München. Vielleicht aber auch ganz woanders.

Ich wünsche dir viel Freude beim Lesen. Und viele Freunde und Freundinnen, denen du davon erzählen kannst.

Herzliche Grüße

Petra Bartoli y Eckert

* Der Verlag an der Ruhr legt großen Wert auf eine geschlechtergerechte und inklusive Sprache. Daher nutzen wir neutrale Formulierungen oder das Gendersternchen, um alle Menschen unabhängig von Geschlecht oder Geschlechtsidentität einzuschließen. In Texten für Schüler*innen finden sich aus didaktischen Gründen neutrale Begriffe bzw. Doppelformen.

Dieses Lesebuch mit Geschichten zum Thema Freundschaft richtet sich an **12- bis 16-jährige Leser *innen** mit Deutschkenntnissen der Niveaustufe A2 nach dem Europäischen Referenzrahmen.

Es ist für alle Lernenden geeignet, die ihre Sprachkenntnisse anwenden und auf unterhaltsame Art und Weise vertiefen und festigen wollen. Dies kann sowohl in Form des Selbststudiums als auch innerhalb eines Klassen- oder Kursverbandes geschehen.

Der vorliegende Band „Lektüren für DaZ-Lernende – Freundschaft" stellt den **Auftakt zu einer Reihe** mit verschiedenen Themenbänden dar. Er besteht aus fünf kurzen Geschichten, die in fünf deutschen Großstädten spielen (Hamburg, Berlin, Köln, München und Stuttgart). Im Mittelpunkt der Geschichten stehen junge Menschen aus unterschiedlichen Ländern, die in Deutschland allmählich Fuß fassen, am Alltag teilhaben und darüber neue Freundschaften knüpfen.

Jeder dieser Geschichten sind **Bearbeitungsaufgaben** nachgestellt, die chronologisch der Handlung folgen. Sie gehören zu den drei Aufgabenformen:

- **Aufgaben zum Leseverstehen,**
- **Grammatikaufgaben und**
- **weiterführende Fragen.**

Mithilfe der Aufgaben können die Lernenden ihr Textverständnis überprüfen, ihre bereits erworbenen Deutschkenntnisse anwenden und erweitern.
Die zugehörigen **Lösungen zur Selbstkontrolle** sind kostenlos als Download erhältlich unter: https://www.verlagruhr.de/Freundschaft/9783834635457#downloads-tab-pane.

Am Ende des Buches befindet sich darüber hinaus eine **Liste mit Worterklärungen** zu schwierigen Wörtern, die das Leseverstehen erleichtern. Diese Wörter sind im Text fett markiert.

- Mit dieser Lektüre-Reihe erhalten Lehrkräfte und Kursleitende selbsterklärendes und einfach aufgebautes Unterrichtsmaterial, das sowohl im Klassenverband als auch innerhalb der individuellen Förderung von Sprachanfänger*innen funktioniert.
- Schüler*innen bietet dieses Lesebuch kompakte und gut zu verstehende Geschichten zum Selberlesen und die Möglichkeit, im eigenen Tempo ihre Kenntnisse zu Wortschatz und Grammatik auszuweiten.

1.

Kino in Hamburg

Yazans Hände stecken in seinen Hosentaschen. Pfeifend geht er die Straße entlang. Er ist auf dem Weg ins Jugendzentrum. Dorthin geht er jeden Freitag. Im Jugendzentrum ist immer etwas los.

Vor der Tür warten schon Jonas und Viktor auf Yazan.
Die drei sind Freunde.
„Wollen wir gleich eine Runde **kickern**?", fragt Jonas zur Begrüßung.
Viktor und Yazan nicken. Jonas hält seine rechte Hand hoch.
Nacheinander klatschen Yazan und Viktor sie ab.

Am **Kicker** im Jugendzentrum wird noch gespielt. Vier Jungen aus dem **Viertel** lassen den Ball über das Spielfeld rollen.
Sie wollen erst fertig spielen. Yazan, Jonas und Viktor stellen sich neben den **Kickertisch** und warten.

Während Jonas und Viktor dem Spiel der anderen zusehen, schaut Yazan sich im Raum um. An einer Wand hängt eine Dartscheibe. Davor stehen Jugendliche und werfen mit Pfeilen darauf.
„**Volltreffer**!", ruft einer von ihnen, als sein Pfeil die Mitte der Scheibe trifft.

Am anderen Ende des Raumes steht eine Tischtennisplatte.
Ein Junge und ein Mädchen, die Yazan hier noch nie gesehen hat, spielen dort. Yazan **schnuppert**. In der Küche des Jugendzentrums wird gekocht. Was es heute wohl gibt?
Und ob er auch etwas davon probieren kann?

„Yazan, schläfst du?", lacht Jonas und stößt Yazan in die Seite.
„He, was soll das?", brummt Yazan und reibt mit seiner Hand über die Stelle.
Jonas **grinst** nur.
„Wir sind an der Reihe", sagt Viktor und schnappt sich den kleinen Ball.

„Wer spielt zusammen?", fragt er und sieht Yazan und Jonas fragend an.
„Ich spiele mit Jonas gegen dich", schlägt Yazan vor und stellt sich neben Jonas an eine Seite des **Kickers**. Viktor ist einverstanden und stellt sich den beiden gegenüber.

Jonas und Yazan sind ein gutes Team. Jonas schiebt den Ball zu Yazans Spielern. Yazan holt aus und dreht die **Spielstange**, an der die Männchen befestigt sind. Schuss und Tor!
„Yeah! Wir sind gut!", schreit Jonas und hüpft in die Luft.

Aber leider ist Viktor besser. Er schafft schnell den Ausgleich. Und dann schießt er Tor um Tor. So gewinnt er das Spiel nach wenigen Minuten mit zehn zu acht Treffern.
Viktor reißt vor Freude die Arme hoch.

Nach dem Spiel stellen sich die drei noch an den **Tresen**. Jonas kauft sich eine Cola. Viktor und Yazan wollen nichts trinken.
„Hier ist es heute langweilig", findet Viktor.
„Dann lasst uns woanders hingehen", sagt Jonas und stellt seine leere Colaflasche auf den **Tresen**.

„Und wohin?", fragt Yazan.
Viktor, Jonas und Yazan überlegen.
„Zur Alster", schlägt Viktor vor.

Yazan kennt die Alster natürlich. Das ist der Fluss, der durch Hamburg fließt.
„Was willst du denn dort?", brummt Jonas und tut so, als würde er gähnen.

„Hast du vielleicht eine bessere Idee?", fragt Viktor.
Er klingt etwas beleidigt.
„Na klar! Wie wäre es, wenn wir uns einen Film ansehen? Im Kino in Bergedorf läuft der neue Film über dieses Basketball-Team."

Jonas **grinst** Viktor und Yazan an. Viktor ist von der Idee begeistert.
„Ja, genau! Der soll echt cool sein!"
Jonas dreht sich um und geht zur Tür. Viktor folgt ihm. Nur Yazan bleibt am **Tresen** stehen und rührt sich nicht.

Die Tür des Jugendzentrums geht auf. Jonas und Viktor gehen nach draußen. Erst als sie schon vor der Tür stehen, merken sie, dass Yazan nicht hinterherkommt.

Jonas steckt den Kopf durch die Tür und ruft Yazan zu:
„Wo bleibst du denn?"
Yazan zuckt mit den Schultern und **trottet** aus dem Jugendzentrum zu seinen Freunden.
„Ich komme nicht mit", flüstert er, als er draußen neben Jonas und Viktor steht.

„Wieso denn?", ruft Viktor erstaunt.
„Gefällt dir Basketball nicht?", fragt Jonas.
„Doch, natürlich", sagt Yazan.
Er findet das Spiel toll. Die Spieler, die mit dem Ball den Korb treffen wollen, sind alle riesengroß.
So groß wäre Yazan auch gerne.
„Wir können uns auch etwas anderes ansehen. Bestimmt läuft im Kino auch noch der lustige Film von dem Autorennen in der Wüste", schlägt Jonas vor.
Yazan schüttelt den Kopf.
„Dann schlag doch du einen Film vor", meint Viktor.

Wieder schüttelt Yazan den Kopf.
„Ich gehe nach Hause", **murmelt** er und will schon gehen.

Da hält Viktor ihn am Arm fest.
„Sag mal, spinnst du? Was ist denn jetzt los?", fragt er.

„Ich habe keine Lust, ins Kino zu gehen", sagt Yazan.
Er tritt mit dem Fuß gegen einen kleinen Stein.
Der Stein hüpft über den Gehweg.
Jonas versucht, Yazan zu überreden.
„Aber Kino ist doch super!"

Ja, eigentlich gefällt es Yazan, einen Film im Kino anzusehen.
Er hat schon viele Filme gesehen. Im Kino ist es dunkel.
Auf der großen Leinwand kann man alles genau beobachten.
Jedes **Detail** ist gestochen scharf. Das ist so, als wäre man selbst dabei. Und der Ton im Kino kommt aus den Lautsprechern.
Das klingt so laut und klar, dass Yazan manchmal **Gänsehaut** bekommt.

Aber ein Kinobesuch kostet Geld. Yazan findet Kino richtig teuer.
Und er **ist pleite**. Er kann sich Kino diesen Monat einfach nicht leisten. Ob er das den anderen erzählen soll? Es ist ihm peinlich.
Er möchte aber auch nicht, dass seine Freunde ärgerlich sind.

Yazan zögert. Dann atmet er tief durch.
„Ich kann die Eintrittskarte nicht bezahlen.
Mein Geld reicht nicht", gibt er schließlich zu.
„Sag das doch gleich", meint Viktor.

„Ich habe genug Geld dabei. Ich kann deine Kinokarte bezahlen", sagt er dann und zieht einen 20-Euro-Schein aus seiner Hosentasche.

„Dann ist das ja geklärt", findet Jonas.
Er dreht sich um und will losgehen.

„Halt!", ruft Yazan.
Jonas bleibt stehen.
„Was hast du denn noch für ein Problem, Mann?",
fragt er genervt.
Yazan sieht auf den Boden und betrachtet seine Schuhe.

Viktor tippt Yazan auf die Schulter und sieht ihn fragend an.
„Ich will nicht, dass jemand anderes für mich bezahlt.
Das kann ich nicht annehmen", flüstert Yazan.
Viktor versteht ihn sofort. „Ach so, es ist dir peinlich."
Yazan nickt.

Jonas bekommt große Augen. Er findet es sehr mutig von Yazan, das zuzugeben.
„Klar, das verstehe ich“, sagt er.
„Aber was machen wir dann?“, überlegt Viktor.
Er zupft an seiner Nase. Plötzlich hat er eine Idee.
„Wir können doch trotzdem einen Film anschauen“, ruft Viktor.

Jonas schüttelt den Kopf.
„Aber das haben wir doch gerade besprochen.“
„Nicht im Kino. Wir gehen zu mir. Meine Eltern sind arbeiten.
Und mein großer Bruder ist auch nicht zu Hause.
Wir haben die ganze Wohnung für uns. Ich habe viele Filme.
Ihr könnt euch einen aussuchen“, erklärt Viktor seine Idee genauer.

Yazan **grinst**. Den Vorschlag findet er gut. So können sie sich einen Film ansehen und müssen kein Geld dafür ausgeben.
„Na, dann kommt. Worauf wartet ihr noch?“, lacht Jonas.

Die drei machen sich auf den Weg zu Viktors Wohnung.
Yazan ist schon gespannt, welche Filme Viktor zur Auswahl hat.
Gut, dass er alles zugegeben hat. Mit seinen Freunden kann er wirklich über alles sprechen. Und gemeinsam finden sie irgendwie immer eine Lösung.

→ Arbeitsaufträge:

1. Mit wem trifft sich Yazan im Jugendzentrum? Kreuze an:

- ❑ Er trifft sich mit Leon und Viktor.
- ❑ Er trifft sich mit Viktor und John.
- ❑ Er trifft sich mit Jonas und Viktor.
- ❑ Er trifft sich mit Vincent und Jonas.

2. Was wird mit den unterschiedlichen Dingen getan? Ergänze die Wörter in der richtigen Form. (Aktiv/Passiv)

abklatschen, sehen, rollen, bezahlen, finden

Die Hand **wird** in die Tasche **gesteckt**.

Die Hand ....

Der Ball ....

Die Eintrittskarte ....

Der Film ....

Die Lösung ....

3. Was kann man im Jugendzentrum alles machen? Kreuze an (mehrere Antworten sind richtig):

- ❑ Darts spielen
- ❑ Basketball spielen
- ❑ Kicker spielen
- ❑ Kochen
- ❑ Blumen pflücken
- ❑ Tischtennis spielen

**4. Yazan, Jonas und Viktor spielen Kicker.
Mit welchem Ergebnis endet das Spiel? Schreibe es auf.**

....

5. Was machst du gerne in deiner Freizeit? Schreibe auf:

....

....

6. Kennst du das Gegenteil? Schreibe es auf:

Wort:	Gegenteil:
leer	voll
groß	
dunkel	
laut	
klar	
teuer	

7. Was klingt wie laut? Trage auf der Skala die Wörter so ein: Was leise klingt, wird links eingetragen. Danach kommen alle Wörter, die lauter klingen. Ganz rechts wird eingetragen, was am lautesten klingt.

rufen, brüllen, flüstern, brummen, murmeln

leise |————————————————| laut

8. Kreuze an, was stimmt:

- ❑ Viktor schlägt vor, ins Kino zu gehen.
- ❑ Yazan hat viel Geld.
- ❑ Yazan findet Kino teuer.
- ❑ Jonas will Yazans Eintrittskarte kaufen.
- ❑ Viktor versteht, dass es Yazan peinlich ist.
- ❑ Am Schluss gehen alle zu Jonas, um einen Film anzusehen.

9. Wie fühlt man sich, wenn etwas peinlich ist?
Kreise die richtigen Wörter ein:

schlecht	fröhlich
müde	beschämt
unruhig	glücklich
aufgeregt	hungrig
gesund	ernst
erschrocken	nervös

2. In Berlin verlaufen

Leyla wohnt seit drei Monaten in Berlin. Ihr gefällt es, vor dem Brandenburger Tor zu stehen und die Menschen zu beobachten. Und an der Spree, die durch Berlin fließt, geht sie gerne spazieren. Manchmal trifft sie sich nach der Schule mit Zahira. Die beiden sind Nachbarinnen. Meistens kommt Zahira dann zu Leyla und sie reden stundenlang miteinander.

An diesem Nachmittag hat Leyla aber etwas anderes vor. Greta, ein Mädchen aus ihrer Klasse, kommt in der Pause zu ihr. „Ich will heute auf das Straßenfest in Kreuzberg gehen. Kommst du mit?", fragt sie.

Leyla war noch nie auf einem Straßenfest.
„Was ist das?", will sie wissen.
„Auf einem Straßenfest gibt es viele Stände.
Dort kann man **Trödel,** Schmuck, Essen und Getränke kaufen.
Und es gibt viele Bühnen. Darauf spielen Bands ganz unterschiedliche Musik. Es wird dir gefallen."
Leyla staunt und bekommt große Augen.
Ihr Entschluss steht schnell fest: „Ich komme gerne mit."

Nach der Schule verabschieden sich Leyla und Greta auf dem Schulhof.
„Ich wohne in der Emser Straße 157. Holst du mich um vier Uhr ab?", fragt Greta.

Leyla ist sich nicht sicher, ob sie dorthin finden wird.
„Kannst du nicht zu mir kommen?", fragt sie deshalb.
Greta schüttelt den Kopf.

„Ich habe gleich Handballtraining bis halb vier. Aber du findest bestimmt zu mir. Nimm einfach die U-Bahn Linie 7."
Und schon ist Greta verschwunden. Leyla zuckt mit den Schultern und sieht ihr nach.

Zu Hause tippt Leyla auf ihrem Handy den Stadtplan von Berlin an. Sie sucht nach der Straße, in der Greta wohnt. Emser Straße. Da ist sie schon. Das war gar nicht so schwer. Leyla vergrößert den Stadtplan. Die U-Bahn-Haltestelle in der Nähe heißt Neukölln. Dorthin fährt die Linie 7. Das passt.

Leyla grinst und sieht auf die Uhr. Schon kurz vor drei.
Sie steckt Geld und eine Jacke in ihren Rucksack
und macht sich auf den Weg. An der U-Bahn-Haltestelle
sieht sie sich den Fahrplan noch einmal an.
Leyla merkt sich genau, dass sie einmal umsteigen muss.
Dann sind es noch elf Haltestellen bis Neukölln.

Die U-Bahn ist ziemlich voll. Leyla stellt sich in den Gang.
Mit einer Hand hält sie ihren Rucksack fest. Mit der anderen
greift sie nach einer Stange in der U-Bahn. Sie beobachtet
die Leute, die an den Haltestellen einsteigen und aussteigen.
Eine Frau mit einem vollen Einkaufskorb geht an Leyla vorbei.
Ein Mann mit einem Hund springt in letzter Minute in den
Waggon. Ein Sitzplatz neben Leyla ist frei geworden.
Dort setzt er sich.

„Nächste Haltestelle: Neukölln. Übergang zur S-Bahn", hört Leyla die Stimme aus dem Lautsprecher sagen. Hier muss sie aussteigen. Sie tritt auf den Bahnsteig. Leyla eilt die Treppen nach oben und sieht sich um. Dort ist auch schon das richtige Straßenschild. Erleichtert biegt Leyla nach links in die Emser Straße ab.

Die Straße ist lang. Während Leyla auf dem Gehweg an den Häusern vorbeigeht, hält sie Ausschau nach den Schildern mit den Hausnummern. Nummer 153, Nummer 155. Schon steht Leyla vor dem Haus mit der Nummer 157. Sie stellt sich neben die braune Eingangstür und schaut auf das **Klingelbrett**.

Leyla weiß, dass Gretas Nachname „Trimmler" ist. Sie fährt mit einem Finger über alle Schilder und liest, was darauf steht. Aber Gretas Namen kann sie nirgendwo entdecken.
Was soll sie denn nun machen? Sie geht zu den Häusern in der Nachbarschaft. Aber auch hier kann sie an keiner Klingel den Namen „Trimmler" lesen.

Leyla lässt ihre Schultern hängen und stellt sich wieder vor das Haus mit der Nummer 157. Plötzlich öffnet sich die Haustür. Eine Frau schiebt sich an Leyla vorbei. Ob sie vielleicht weiß, wo sie klingeln muss?

Leyla nimmt all ihren Mut zusammen und ruft der Frau nach:
„Hallo! Entschuldigung! Wissen Sie, wo Greta Trimmler wohnt?"
Die Frau bleibt stehen und sieht Leyla mit zusammengekniffenen Augen an.
„Trimmler? Kenne ich nicht. Hier wohnt jedenfalls niemand mit diesem Namen", sagt sie, dreht sich um und geht weiter.

Leyla schaut auf ihre Uhr. Es ist schon Viertel nach vier. Vor einer Viertelstunde wollten sie sich treffen. Vielleicht hat Greta ihr die falsche Adresse gegeben. Ob sie das absichtlich getan hat? Leyla steigen Tränen in die Augen. Sie schluckt.

Dann zuckt sie zusammen. Aus Leylas Rucksack ertönt das Klingeln ihres Handys. Leyla angelt es heraus und nimmt den Anruf an.
„Hallo, hier ist Greta. Wo bleibst du denn?", fragt eine Stimme.
„Ich bin schon da. Aber du wohnst gar nicht hier", antwortet Leyla leise.

„So ein Quatsch", kichert Greta.
„Hier gibt es keine Klingel mit deinem Namen", sagt Leyla und merkt, dass ihre Stimme jetzt ärgerlich klingt.
„Aber ich stehe doch schon vor der Tür unten an der Straße. Ich kann dich nirgendwo sehen. Wo genau bist du denn?", will Greta wissen.

Leyla blickt über ihre Schulter. Ob sie sich vielleicht die falsche Hausnummer gemerkt hat? Sie kann Greta weder links noch rechts entdecken.

„Ich stehe in der Emser Straße 157“, sagt Leyla. „Hierher bin ich mit der U-Bahn Linie 7 gefahren. So wie du es gesagt hast. An der Haltestelle Neukölln bin ich ausgestiegen.“

„Na, dann ist es ja klar“, sagt Greta und fängt an, zu lachen. Das ist wirklich gemein von ihr! Leyla will schon auflegen. Da hört sie, wie Greta weiterspricht.
„Du bist in der falschen Emser Straße. Ich wohne im Stadtteil Wilmersdorf, nicht in Neukölln. Weißt du was? Ich hole dich ab. Bleib einfach dort, wo du jetzt bist.“
Leyla verabschiedet sich und steckt ihr Handy zurück in den Rucksack. Das ist wirklich komisch: Sie ist in der richtigen Straße, aber am falschen Ort!
„Ich habe nicht gut nachgedacht“, bemerkt Leyla. Sie ist viel zu weit gefahren. Elf Stationen in die falsche Richtung.
„Greta und ich gehen auf dieselbe Schule. Wir wohnen ganz nah zusammen. Da braucht man keine elf Stationen U-Bahn zu fahren.“ Jetzt lacht Leyla über ihren Fehler.

Leyla wartet und wartet. Eine halbe Stunde später kommt Greta endlich. Sie läuft lachend auf Leyla zu. Leyla winkt erleichtert und geht ihr entgegen.
„Siehst du, hier ist die Emser Straße“, begrüßt sie Greta und zeigt auf das Straßenschild.
Greta nickt und kratzt sich am Kopf.

„In Berlin gibt es manche Straßennamen zweimal oder sogar noch öfter. Daran hatte ich gar nicht gedacht“, gibt Greta zu.
„Wirklich?“, staunt Leyla.
„Komm, jetzt machen wir uns aber auf den Weg zum Straßenfest. Sonst lohnt es sich nicht mehr“, sagt Greta.

Sie nimmt Leylas Hand und zieht sie hinter sich her zur U-Bahn-Haltestelle. Auf dem Weg dorthin erzählt sie: „Ich glaube, die Lindenstraße gibt es sogar sechsmal. Und wir haben zwei Zoos in Berlin. Wusstest du das?" Leyla schüttelt den Kopf.

Die beiden erreichen den Bahnsteig der U-Bahn genau in dem Augenblick, als der Zug einfährt. Schnell laufen sie die letzten Meter und springen in den **Waggon**. Glück gehabt! Gleich hinter ihnen schließt sich die Tür. Leyla entdeckt eine freie Sitzbank. Dort setzen sie sich nebeneinander.

22 Minuten später steigen sie aus. Greta hakt sich bei Leyla unter und lächelt sie an.
„Los, jetzt stürzen wir uns ins **Getümmel**", sagt sie.
Leyla sieht sie ratlos an. Sie weiß nicht genau, was Greta damit sagen will. Aber als sie beim Straßenfest angekommen sind, ist Leyla klar, was „Getümmel" bedeutet.

Links und rechts am Straßenrand stehen Stände, an denen es bunte Dinge zu kaufen gibt. Viele Menschen drängen sich daran vorbei. Leyla schnuppert. Es riecht nach **Zimt**, Kakao und gebratenem Fleisch. Leyla hört Leute lachen. Und sie hört Musik. Was sie sieht und hört, gefällt ihr.

Greta winkt Leyla hinter sich her. Vor einem Stand bleibt sie stehen.
„Ich lade dich auf ein Eis ein. Weil du dich in Berlin verlaufen hast. Damit du wieder gute Laune bekommst."
„Danke. Aber ich habe schon gute Laune", lacht Leyla.

Trotzdem bestellt Greta für sie beide.
Leyla und Greta stellen sich an den Straßenrand und **schlecken** ihr Eis.

„Morgen können wir uns wieder treffen. Dann zeige ich dir ein bisschen mehr von Berlin. Was hältst du davon?", fragt Greta. Leyla grinst. Die Idee findet sie gut.
Und heute Abend wird sie noch bei Zahira klingeln.
Sie möchte ihr von ihrem Abenteuer erzählen.
Und von ihrer neuen Freundin Greta.

→ Arbeitsaufträge:

1. Was macht Leyla gerne am Nachmittag? Kreuze an (mehrere Antworten sind richtig):

- ❑ Sie schaut fern.
- ❑ Sie steht vor dem Brandenburger Tor.
- ❑ Sie geht an der Spree spazieren.
- ❑ Sie backt Kuchen.
- ❑ Sie trifft sich mit Zahira.

2. Greta fragt Leyla, ob sie mit zu einem Straßenfest geht. Was gibt es auf einem Straßenfest? Schreibe auf:

....

....

....

....

3. Wann soll Leyla Greta abholen? Kreuze an:

- ❑ Heute um halb vier.
- ❑ Morgen um vier Uhr.
- ❑ Heute um vier Uhr.
- ❑ Morgen um drei Uhr.
- ❑ Morgen um halb vier.
- ❑ Heute um drei Uhr.

4. Kannst du dich noch an Leylas Weg erinnern?
Bringe alles in die richtige Reihenfolge.
Schreibe dazu die Zahlen von 1 bis 6 in die Kästchen:

- ☐ Sie steigt in Neukölln aus.
- ☐ Leyla geht zur U-Bahn.
- ☐ Leyla geht an den Häusern mit den Hausnummern 153 und 155 vorbei.
- ☐ Sie fährt mit der U-Bahn Linie 7.
- ☐ Leyla biegt nach links in die Emser Straße ab.
- ☐ Sie steht vor dem Haus mit der Nummer 157.

5. Welches Wort fehlt hier? Ergänze:

Straße, Nachname, Stadtteil, Klasse

Leyla und Greta gehen in dieselbe ....

Greta wohnt in der Emser .... in Berlin.

Gretas .... ist Trimmler.

Der ...., in dem sie wohnt, heißt Wilmersdorf.

6. Weißt du, wie die Mehrzahl dieser Wörter lautet?
(Singular – Plural)

Leyla und Greta gehen auf ein **Straßenfest**.

Greta mag **Straßenfeste**.

Greta wohnt in der Emser **Straße**.

In Berlin gibt es viele ....

In der U-Bahn setzen sich Leyla und Greta auf eine **Sitzbank**.

Neben ihnen sind alle anderen .... besetzt.

Auf dem Straßenfest bleiben Leyla und Greta vor einem **Stand** stehen.

Auf dem Fest gibt es viele ....

Leylas Freundin heißt Zahira.

Jetzt sind auch Leyla und Greta ....

7. Welche beiden Artikel gehören zu den Wörtern? (bestimmter und unbestimmter Artikel)

der, das, eine, ein

das Straßenfest – ein Straßenfest

die U-Bahn – .... U-Bahn

.... Mann – ein Mann

der Waggon – .... Waggon

.... Eis – ein Eis

die Freundin – .... Freundin

8. Beantworte die Fragen. Schreibe in Sätzen.

Was will Greta kaufen, damit Leyla wieder gute Laune bekommt?

....

Wohin stellen sich die beiden Mädchen, um ihr Eis zu schlecken?

....

Was möchte Greta Leyla morgen zeigen?

....

Wem möchte Leyla am Abend von ihrem Abenteuer erzählen?

....

9. Kreuze an, was oft, manchmal oder nie bei dir vorkommt:

	oft	manchmal	nie
Bist du schon einmal U-Bahn gefahren?	❑	❑	❑
Warst du schon einmal auf einem Straßenfest?	❑	❑	❑
Hast du dich schon einmal verlaufen?	❑	❑	❑
Hast du dich schon einmal über jemanden geärgert?	❑	❑	❑
Wie oft isst du Eis?	❑	❑	❑

3.

Ein Fußballturnier in Köln

„Ich bin der Fußballkönig von Köln!“, ruft Paul. Er rennt zur Eckfahne auf dem Fußballplatz und tanzt rundherum. Gerade hat er im Training ein Tor geschossen.

„Paul muss immer übertreiben“, sagt Linus ärgerlich und tippt sich an die Stirn. Jameen nickt. Er findet auch, dass ein Tor im Training nichts Besonderes ist. Jameen hat vorhin auch ein Tor geschossen. Viel wichtiger ist es, in einem richtigen Spiel Tore zu schießen.

Seit drei Wochen ist Jameen nun ein Teil der Jugendmannschaft. Jeden Mittwoch um fünf Uhr ist Training beim SC Blau-Weiß. Linus, der in seiner Straße wohnt, hat Jameen überredet, mitzumachen. Jameen ist froh darüber. Denn er spielt gerne Fußball. Aber im Training traut er sich noch nicht, zu zeigen, was er kann.

Vielleicht schafft er es trotzdem, in ein paar Jahren sogar für den 1. FC Köln zu spielen. Davon träumt Jameen. Aber er hat es niemandem erzählt. Bestimmt würden die anderen ihn auslachen. Linus vielleicht nicht. Aber Paul auf alle Fälle. Da ist sich Jameen sicher.

Holger, der Trainer, bläst in seine **Trillerpfeife**.
Die Jungen aus der Jugendmannschaft laufen zu ihm.
„Jetzt machen alle noch zehn Liegestütze.
Dann will ich euch etwas erzählen“, sagt er.
Alle gehorchen und legen sich auf den Boden.
Jameen stemmt seine Arme hoch und spannt die Muskeln an.

Er **schielt** nach rechts. Dort macht Linus seine Liegestütze.
Links von Jameen liegt Ibo. Er schnauft und keucht.
Jameen grinst zufrieden. Er **ist** kein bisschen **außer Puste**.
Noch vier, drei, zwei, eine – geschafft!

Nach der Übung versammeln sich alle wieder um ihren Trainer.
„Los, mach es nicht so spannend", ruft Paul.
Auch Jameen will wissen, was Holger zu sagen hat.

„Ihr wisst ja, dass die Fußballsaison schon zu Ende ist.
Aber ich habe euch für ein Turnier angemeldet.
Dieses Wochenende spielen wir gegen drei andere Mannschaften.
Der Gastgeber ist der FC Viktoria. Die Gewinnermannschaft
erhält einen Pokal", erzählt der Trainer.

„Echt? Beim FC Viktoria? Den Pokal holen wir uns. Das ist ja klar!“, brüllt Paul und reißt seine Arme in die Luft. Es sieht aus, als wollte er schon ihren Sieg feiern. Holger lacht.
„Das wird sich noch herausstellen“, meint er und sieht von einem Spieler zum anderen.
Dann bespricht der Trainer die Mannschaftsaufstellung mit ihnen. „Ibo, du bist wie immer im Tor. Linus spielt Abwehr. Und Jameen soll neben Paul als Stürmer spielen.“

„Was?“, schreit Paul und schüttelt den Kopf. „Der ist doch erst ein paar Wochen dabei. Jameen gehört auf die Ersatzbank!“
Paul schaut den Trainer böse an. Aber Holger bleibt bei seiner Entscheidung: „Ich finde, Jameen soll seine Chance haben. Keine **Diskussion**!“

Jameen schaut an Paul vorbei. Er ärgert sich, dass Paul ihn beim Turnier nicht in der Mannschaft haben möchte.
Da klopft ihm Linus auf die Schulter.
„Ich finde auch, dass du unbedingt mitspielen sollst. Du bist ein super Fußballspieler!“

Jameen lächelt Linus dankbar an. Aber Paul gibt nicht so schnell auf.
„Ich musste die ersten Spiele auch auf der Ersatzbank sitzen. Warum darf Jameen gleich spielen?“, **hakt** er beim Trainer **nach**.

„Paul, jetzt ist Schluss. Wenn du mit meinen Entscheidungen nicht zufrieden bist, kann ich dich auch nicht in der Mannschaft brauchen“, sagt Holger streng.
Paul zieht beleidigt den Kopf ein.

„Ihr könnt jetzt duschen gehen. Wir sehen uns nächsten Samstag. Pünktlich um zwölf Uhr fahren wir gemeinsam zum Sportpark Höhenberg", informiert sie der Trainer noch.
„Der ist im Osten von Köln", flüstert Linus Jameen zu.
Jameen nickt. Dann gehen alle zum Umkleideraum.
An den zwei Tagen bis zum Turnier kann Jameen an nichts anderes mehr denken. In seinem Kopf malt er sich aus, wie er am Samstag das entscheidende Tor schießen wird. Wie alle dann jubeln und ihn umarmen werden.

Aber wenn Jameen doch kein Tor schießen wird? Oder sogar ein Eigentor? Er möchte seinen Trainer und die anderen auf keinen Fall enttäuschen. Am Donnerstag und Freitag trifft er sich deshalb mit Linus. Gemeinsam trainieren sie.

Auf dem Platz vor den Garagen schießen sie sich den Ball zu. Sie **dribbeln** aneinander vorbei. Und sie **donnern** abwechselnd den Fußball gegen die Garagentore. Am Ende sind beide ziemlich außer Puste.

Endlich ist es Samstag. Linus und Jameen gehen gemeinsam zum Treffpunkt. Beim Vereinshaus des SC Blau-Weiß wartet der Trainer schon. Eine Stunde später sind alle Jungen umgezogen und stehen auf dem Fußballplatz im Kölner Stadtteil Höhenberg.

„Gleich geht es los", sagt Holger und lächelt.
„Wir haben zuerst drei Spiele. Danach spielen die besten zwei Mannschaften im Finale um den Pokal. Die Mannschaft vom FC Viktoria ist unser erster Gegner. Jeder von euch weiß, was er zu tun hat."
Jameen, Linus und die anderen nicken. Auch Paul.

Dann schickt der Trainer sie zum Aufwärmen eine Runde um den Fußballplatz. Als Paul an Jameen vorbeiläuft, flüstert er ihm zu: „Ich will nicht, dass wir wegen dir verlieren. Streng dich also an!“ Was glaubt Paul denn? Natürlich wird Jameen sich anstrengen! Doch jetzt merkt Jameen, dass er immer nervöser wird. Seine Knie fühlen sich weich an. Sein Atem geht schnell. Und das liegt nicht an der Laufrunde.

Als alle wieder beim Trainer stehen, zwinkert er ihnen zu. „Ich glaube an euch“, ruft er. Dann klatscht er alle Jungen ab. Das erste Spiel beginnt.

Die andere Mannschaft schießt noch in der ersten Minute ein Tor. Ibo, der Torwart von Jameens Mannschaft, schimpft laut.

Doch dann schießt Paul das nächste Tor. Es steht eins zu eins. „Ihr schafft das!", ruft Holger seiner Jugendmannschaft zu. Die Schiedsrichterin pfeift. Das Spiel geht weiter.

Dann hat Jameen den Ball. Er **dribbelt** an den gegnerischen Spielern vorbei. Jameen konzentriert sich. Er holt aus und schießt. Tor! Jameen lässt sich auf die Knie fallen. Linus kommt angelaufen und boxt ihm gegen die Schulter. „Guter Schuss!", ruft sogar Paul.

Mehr Tore fallen im ersten Spiel nicht. Die Jungen vom SC Blau-Weiß gewinnen zwei zu eins. Das zweite Spiel endet unentschieden. In der Pause vor dem dritten Spiel ruft der Trainer alle zu sich.

„Wenn wir das nächste Spiel gewinnen, sind wir im Finale. Dann können wir den Pokal holen", sagt Holger. „Gebt euer Bestes!" Alle aus Jameens Mannschaft nicken und laufen los.

Auf dem Rasen schließt Jameen kurz die Augen. Er lässt seine Schultern kreisen. Sie müssen dieses Spiel gewinnen! Endlich bläst die Schiedsrichterin in ihre Trillerpfeife. Es kann losgehen. Die Gegner haben den Ball. Doch Linus schafft es, ein Tor zu verhindern.

Alle Spieler auf dem Feld laufen dem Ball nach. Die Spielzeit ist beinahe um. Immer noch ist kein Tor gefallen. Doch dann nimmt

Paul einem gegnerischen Spieler den Ball ab. Er sieht sich um. Jameen steht gut. Er hat freie Bahn zum Tor der anderen.
„Hier!“, ruft er Paul zu.

Paul zögert kurz. Dann spielt er den Ball zu Jameen. Der nimmt ihn an und tritt dagegen. Der Ball fliegt in einem hohen Bogen in Richtung Tor. Der Torwart der anderen springt.
Doch er erwischt den Ball nicht.
„Tor! Tor!“, schreit Jameen.
Alle aus Jameens Mannschaft jubeln.

Eine Minute später ist das Spiel aus. Die Jugendmannschaft des SC Blau-Weiß ist im Finale. Paul, Linus und die anderen laufen zu Jameen.
„Du hast das entscheidende Tor geschossen. Das war super!“, sagt Paul und klopft Jameen auf die Schulter.
„Du kannst wirklich gut Fußball spielen.“

„Das hab ich doch gesagt“, ruft Linus und grinst Jameen an. Stimmt! Linus kennt Jameen eben gut. Und jetzt werden sie das Finale gewinnen und den Pokal holen. Da ist sich Jameen sicher.

➜ Arbeitsaufträge:

1. Jameen spielt beim SC Blau-Weiß. Er möchte einmal beim 1. FC Köln spielen. Das sind Abkürzungen. Schreibe noch andere auf, die du kennst:

FC bedeutet Fußballclub.

.... bedeutet ....

.... bedeutet ....

.... bedeutet ....

2. Welche Sportart gefällt dir? Schreibe sie auf:

....

3. Wie lange ist Jameen schon bei der Jugendmannschaft des SC Blau-Weiß? Kreuze an:

- ❑ Seit fünf Monaten.
- ❑ Seit drei Tagen.
- ❑ Seit drei Monaten.
- ❑ Seit drei Wochen.

4. Richtig oder falsch? Kreuze an:

	Richtig	Falsch
Paul hat Jameen überredet, beim SC Blau-Weiß mitzumachen.	❑	❑
Der Trainer will, dass Jameen beim Turnier auf der Ersatzbank sitzt.	❑	❑

	Richtig	Falsch
Paul freut sich über die Entscheidung des Trainers.	❑	❑
Paul will nicht, dass Jameen beim Turnier mitspielt.	❑	❑
Linus ist auf Jameens Seite.	❑	❑
Jameen ist ein guter Fußballspieler.	❑	❑

5. Der Sportpark Höhenberg ist im Osten von Köln. Schreibe alle vier Himmelsrichtungen auf:

Osten ....

....

6. Was liegt in deinem Ort im Osten? Schreibe es auf:

....

....

7. Jameen erinnert sich am nächsten Tag, was beim Turnier passiert ist. Schreibe folgende Sätze so, dass sie in der Vergangenheit passiert sind (Perfekt).

Alle machen Liegestütze

Alle haben Liegestütze gemacht.

Linus spielt Abwehr.

....

Linus und Jameen trainieren.

....

Jameen schießt ein Tor.

....

Alle jubeln.

....

8. Beantworte folgende Fragen und schreibe deine Antworten auf:

Gegen wen spielt Jameens Mannschaft im ersten Spiel?

....

Was ist der Endstand des ersten Spiels?

....

Wie viele Tore schießt Jameen bis zum Finale?

....

Was wollen die Jungen im Finale gewinnen?

....

9. Wie fühlt sich Jameen, nachdem er im letzten Spiel vor dem Finale ein Tor geschossen hat?
Kreise die richtigen Wörter ein:

genervt	stolz
begeistert	traurig
froh	müde
glücklich	wütend
enttäuscht	beleidigt

4.

Geburtstag feiern in München

„Schluss für heute“, sagt die Chorleiterin. Sie heißt Karin und leitet den Jugendchor im Stadtteil Schwabing-Freimann in München. Auch Makeda gehört zum Chor.
Jeden Montagabend treffen sich die Sänger und Sängerinnen im **Gemeindehaus**, um neue Lieder zu proben.

Makeda ist noch nicht sehr lange dabei. Sie kann sich die Namen der anderen Chormitglieder schwer merken. Aber alle sind sehr nett. Ella, Susanne und Olga mag sie besonders.
Und ihre Namen kennt sie schon. Die drei können wunderschön singen, findet Makeda.

Sie sieht die Mädchen aus dem Chor immer nur montags.
Darum fühlt sich Makeda noch etwas fremd. Das wird sich aber bestimmt bald ändern. Da ist sich Makeda sicher.

„Wir treffen uns in einer Woche wieder“, verabschiedet sich Karin von allen.
Makeda nickt und winkt ihr zum Abschied zu.
Sie will sich gerade auf den Heimweg machen.
Da hört sie, wie jemand nach ihr ruft.
„Makeda, warte!“

Es ist Ella. Makeda dreht sich um.
„Ich habe am Samstag Geburtstag. Da werde ich feiern.
Abends um sieben Uhr bei mir in der Erikastraße.
Willst du auch kommen? Du bist herzlich eingeladen“, sagt Ella. „Eine Einladung?“, fragt Makeda. Sie lacht und nickt.
Natürlich will sie kommen!

„Das ist schön!", freut sich Ella.
„Susanne und Olga werden auch da sein. Jede bringt etwas zu essen mit. Kannst du auch etwas mitbringen?"
Makeda überlegt. Sie kann gut kochen.
Aber ob das den anderen auch schmecken wird?

Wenn alle etwas mitbringen, kann sie natürlich nicht Nein sagen.
Darum verspricht Makeda: „Ich koche etwas."
„Super. Wir sehen uns am Samstag", sagt Ella noch.
Dann gehen die Mädchen nach Hause.

Auf dem Heimweg denkt Makeda an Ellas Geburtstag.
Da fällt ihr etwas ein.
„Ich brauche ein Geschenk für Ella", murmelt sie.
Was könnte sie ihr schenken? Makeda weiß nicht, was Ella gefällt. Doch! Ella mag Musik. Makeda hat eine CD mit Liedern aus dem Land, in dem sie geboren wurde.
Die könnte sie Ella schenken. Hoffentlich gefällt ihr das.

Am Samstag steht Makeda den ganzen Tag am Herd.
Sie macht scharfen Gemüseeintopf. Dafür braucht sie Tomaten, **Kichererbsen**, Karotten, Zwiebeln und Knoblauch. Sie gibt noch verschiedene Gewürze zum Gemüse. Dann muss der Eintopf lange kochen.

Um halb sechs Uhr abends hat Makeda alles erledigt:
Das Essen hat sie in eine Plastikschüssel gefüllt.
Die Musik-CD hat sie mit Geschenkpapier eingepackt.
Jetzt hat sie Zeit, sich umzuziehen. Sie entscheidet sich für ihren blauen Lieblingspulli. Ihre Haare bindet sie mit einem Band zusammen. Fertig!

Makeda macht sich auf den Weg. Das Stück bis zur Erikastraße kann sie zu Fuß gehen. Dazu muss sie die breite Situlistraße entlanglaufen. Obwohl es Samstagabend ist, fahren viele Autos. Makeda muss nach links in die Leinthalerstraße abbiegen. Dann noch einmal nach links. Schon hat sie die Erikastraße erreicht.

Makeda ist ziemlich aufgeregt, als sie bei Ella klingelt. Es dauert etwas, dann öffnet jemand die Haustür. „Schön, dass du da bist", freut sich Ella und winkt Makeda herein.

Im Flur bleibt Ella stehen.
„Fühl dich wie zu Hause", sagt sie.
Unsicher nickt Makeda.
„Alles Gute zum Geburtstag", sagt sie und schüttelt Ella die Hand.
„Komm mit. Jetzt wird gefeiert!", lacht Ella und verschwindet in einem Raum.

Makeda zieht zuerst ihre Schuhe aus. Dann folgt sie Ella in ein größeres Zimmer. Makeda sieht sich um. Sie steht im Wohnzimmer. Dort sitzen viele Gäste auf Kissen auf dem Boden. Die Möbel sind zur Seite gerückt und stehen an den Wänden. Auf einem Tisch stehen Schüsseln mit Essen. Makeda greift in ihre Tasche und holt die Schüssel mit ihrem Gemüseeintopf heraus. Die stellt sie dazu.

Wo ist Ella? Makeda blickt sich suchend um. Sie will ihr noch das Geburtstagsgeschenk geben. Ella sitzt auf einem Kissen und redet mit Olga. Daneben sitzt Susanne. Makeda nimmt das Päckchen für Ella aus ihrer Tasche und geht zu ihr.
„Für dich", sagt sie und hält Ella das Geschenk hin.
„Danke!"
Ella steht auf und stellt Makedas Päckchen auf eine **Kommode**.
Dort stehen schon andere Geschenke. Na sowas?
Packt Ella ihre Geschenke nicht aus?
Plötzlich hört Makeda ein **Geraschel**. Alle Gäste sind aufgestanden. Sie stellen sich in einer Reihe auf.
„Makeda, komm her. Wir singen für Ella ein Geburtstagslied", ruft Susanne.
Schnell stellt sich Makeda neben Susanne und Olga.
„Happy birthday to you", singen alle mit.

Ella klatscht begeistert.
„Das war toll“, grinst sie. „Und jetzt lasst uns essen.“
Olga zieht Makeda mit zum Tisch, auf dem alle Speisen stehen.
„Der ist von mir“, sagt Olga und zeigt auf eine Schüssel mit Nudelsalat.
„Ich habe Eintopf mitgebracht“, murmelt Makeda.

Alle Gäste bedienen sich. Es wird geredet und gelacht. Mit vollen Tellern setzen sich Susanne, Olga und Makeda auf drei Kissen. Susanne schiebt sich einen Löffel voll mit Makedas Eintopf in den Mund. Dann **schnappt** sie **nach Luft**.
„Ist das scharf!“, ruft sie und springt auf.
Susanne holt sich ein Glas mit Wasser und trinkt gierig.

Makeda zieht den Kopf ein. Aber Olga lacht.
„Susanne ist eben empfindlich."
Plötzlich merkt Makeda, wie ihr jemand einen Arm
um die Schultern legt. Ella hat neben ihr Platz genommen.
„Gefällt es dir auf meiner Geburtstagsfeier?", fragt sie.

Makeda überlegt, was sie sagen soll. Sie fühlt sich
gar nicht wohl. Aber sie will Ella auch nicht beleidigen.
Darum nickt sie zögernd. Ella runzelt die Stirn.
„Wie feierst du denn deinen Geburtstag?", will sie wissen.

„Anders", gibt Makeda zu.
Dann beginnt sie, zu erzählen.
„Als ich klein war, durfte ich mich auf einen Stuhl setzen.
Mein Vater und meine Brüder haben mich damit
in die Luft gehoben. Das war sehr lustig."

Olga kichert.
„Das machen wir jetzt mit Ella auch. Los, komm!"
Sie greift nach Makedas Hand und zieht sie hoch.
Olga läuft los und kommt wenige Augenblicke später
mit einem Stuhl zurück. Sie holt Ella und drückt sie auf den Stuhl.
„Wer hilft mit? Wir heben Ella in die Luft", ruft sie.

Schnell stehen zwei Mädchen neben Makeda und Olga.
Zu viert greifen sie nach den Stuhlbeinen und heben Ella an.
„Hoch soll sie leben", singt Susanne im Hintergrund
und alle lachen.

„Das war lustig! Was machst du noch an deinem Geburtstag?", fragt Ella.
Makeda lächelt.
„Bei uns zu Hause wird an Geburtstagen gesungen und getanzt", sagt sie.
„Und welche Lieder singt ihr?", will Susanne wissen.

Makeda geht zur Kommode, auf der die Geburtstagsgeschenke liegen. Sie nimmt das Päckchen, das sie mitgebracht hat.
Das reicht sie Ella.
„Mach auf", sagt sie.
Ella reißt vorsichtig das Geschenkpapier ab.

„Eine CD", ruft Ella begeistert.
Sie nimmt die CD aus der Hülle und legt sie in den CD-Player.
Sofort erklingt wunderschöne Musik. Makeda zögert kurz.
Dann fängt sie an, sich im Kreis zu drehen.

Olga, Susanne und Ella kommen dazu. Nach und nach tanzen
alle Gäste mit. Als das Lied zu Ende ist, umarmt Ella Makeda.
„Das war ein tolles Geburtstagsgeschenk", flüstert sie ihr
ins Ohr.

Der restliche Abend vergeht wie im Flug.
Um zwölf Uhr verabschiedet sich Makeda von allen.
„Wollen wir morgen Abend noch einmal
gemeinsam tanzen?", fragt Olga.
Ella nickt begeistert.

Auch Susanne ist dabei.
„Treffen wir uns abends um sieben Uhr bei mir?",
schlägt sie vor. Alle sind sofort einverstanden.
Auf dem ganzen Heimweg hat Makeda ein Lächeln
im Gesicht. Sie freut sich. Über den Abend. Und darüber,
sich morgen wieder mit ihren Freundinnen zu treffen.

➜ Arbeitsaufträge:

1. Was macht Makeda in ihrer Freizeit? Kreuze an:

- ❑ Sie spielt Gitarre.
- ❑ Sie liest Bücher.
- ❑ Sie singt im Chor.
- ❑ Sie tanzt.
- ❑ Sie hört Musik.

2. Richtig oder falsch? Kreuze an:

	Richtig	Falsch
Karin ist die Chorleiterin.	❑	❑
Makeda kennt alle Namen der Chormitglieder.	❑	❑
Susanne, Olga und Ella singen mit Makeda im Chor.	❑	❑
Olga lädt Makeda zu ihrer Geburtstagsfeier ein.	❑	❑
Die Geburtstagsfeier beginnt abends um sieben Uhr.	❑	❑
Makeda will ein Buch zum Geburtstag verschenken.	❑	❑

3. Makeda erzählt ihren Eltern von der Einladung. Welches Wort fehlt hier? Ergänze:

einladen, kommen, mitbringen, kochen, feiern

Am Samstag .... Ella ihren Geburtstag.

Ich bin herzlich ....

Susanne und Olga .... auch.

Jeder .... etwas ....

Ich .... einen Gemüseeintopf.

4. Welches Gemüse gehört in Makedas Eintopf? Schreibe alle auf:

....

....

5. Welche Straßen geht Makeda entlang? Bringe sie in die richtige Reihenfolge. Schreibe dazu die Zahlen 1, 2 und 3 in die Kästchen neben den Straßennamen:

☐ Leinthalerstraße
☐ Erikastraße
☐ Situlistraße

6. Beantworte die Fragen. Schreibe in Sätzen.

In welchem Raum findet Ellas Geburtstagfeier statt?

....

Worauf sitzen die Gäste?

....

Wo steht das Essen?

....

Wohin legt Ella alle Geschenke?

....

Wo legt Ella die Musik-CD ein?

....

Wann geht Makeda nach Hause?

....

Wann wollen sich die Mädchen am nächsten Tag treffen?

....

Bei wem wollen sich die Mädchen am nächsten Tag treffen?

....

7. Ella feiert Geburtstag. Makeda erzählt, wie sie zu Hause Geburtstag feiert. Wie feierst du Geburtstag? Schreibe auf.

....

....

....

8. Setze eine Form von „sein" oder „haben" ein. (Konjugation sein und haben)

ist, haben, sind, sind, hat, sind, ist, habe, hat

Susanne, Olga und Ella .... gute Sängerinnen.

Ella sagt: „Ich .... am Samstag Geburtstag."

Um halb sechs Uhr abends .... Makeda alles erledigt.

Makeda .... aufgeregt.

Ella .... viele Gäste.

Wo .... Ella?

Alle Mädchen .... Spaß beim Tanzen.

Alle .... einverstanden.

Olga, Susanne, Ella und Makeda .... jetzt Freundinnen.

9. Makeda, Ella, Olga und Susanne treffen sich am nächsten Tag wieder. Sie unterhalten sich. Schreibe auf, was sie sagen könnten. (Dialog)

Susanne tanzt gerne.

Susanne: ....

Olga tanzt gerne, aber sie geht auch gerne schwimmen.

Olga: ....

Ella geht nicht gerne schwimmen. Sie schlägt vor, gemeinsam Musik zu hören.

Ella: ....

Makeda ist damit einverstanden.

Makeda: ....

5.

Ärger in Stuttgart

Es ist Montagnachmittag. Mehdi liegt auf seinem Handtuch auf der Liegewiese im Stuttgarter Freibad Rosental. Dort gefällt es Mehdi gut. Er findet: Es ist besser, ins Schwimmbad zu gehen, als alleine in der Stadt herumzulaufen. Besonders das **Sprungbrett** hier ist klasse. Wenn Mehdi von dort ins Wasser springt, fühlt er sich frei und stark. Das hat er nun schon zwölfmal hintereinander gemacht. Aber jetzt braucht er eine Pause. Die Sonne wärmt seinen Bauch und seine Schultern. Er hört das **Plätschern** des Wassers in den Schwimmbecken.

Mehdi denkt an seine Fahrt hierher. Er musste mit dem Bus Nummer 81 fahren. Das war kein Problem. Nur mit der U-Bahn Linie 3 ist er gestern in die falsche Richtung gefahren. Dann musste er an der Haltestelle Jurastraße wieder aussteigen und zurückfahren. Aber das wird ihm nicht noch einmal passieren, da ist er sich sicher.

Die Sonne blendet Mehdi so sehr, dass er blinzeln muss. Er sieht sich auf der Liegewiese um. So viele Menschen! Mehdi kennt niemanden. Das liegt daran, dass Mehdi noch nicht sehr lange in Stuttgart lebt und eigentlich nur die Leute aus seiner Klasse kennt.

Doch! Jetzt hat Mehdi zwei bekannte Gesichter entdeckt. Dort drüben stehen Tom und Vincent. Die beiden gehen in eine andere Klasse, aber in dieselbe Schule wie Mehdi. Dort hat er sie schon öfter auf den Gängen im Schulhaus gesehen. Tom und Vincent lachen. Dann laufen sie zum Becken und springen gleichzeitig ins Wasser.

„He! Nicht vom **Beckenrand** springen!“, ruft ein Mann. Er trägt ein weißes T-Shirt und eine kurze Hose. „Bademeister“ steht in roten Buchstaben auf seiner Brust. Sein Schimpfen scheint Tom und Vincent nicht zu stören. Sie lachen und schwimmen mit kräftigen Zügen vom Beckenrand weg.

Mehdi schaut ihnen noch eine Weile beim Schwimmen zu. Er würde gerne mit ihnen im Wasser sein. Aber Mehdi traut sich nicht, einfach hinzugehen und zu fragen, ob er mit den beiden schwimmen kann. Naja, vielleicht fragt er später doch, ob sie gemeinsam vom **Sprungbrett** springen wollen. Mehdi schaut zu den beiden Handtüchern von Tom und Vincent hinüber. Dann schließt er die Augen und reckt sein Gesicht in die Sonne.

Plötzlich hört er einen Schrei.
„Das gibt es doch nicht! Mein Handy ist weg!"
Mehdi reißt die Augen auf und schaut sich um. Tom und Vincent stehen mit tropfenden Haaren vor ihren Handtüchern. Tom **wedelt** aufgeregt mit seinen Armen in der Luft herum.
„Bestimmt hat es jemand geklaut!", ruft Tom. Mehdi sieht, wie Vincent nickt. Geklaut? Tom glaubt also, jemand hat sein Handy gestohlen. Vielleicht kann Mehdi helfen. Er steht langsam auf und geht zu den beiden Jungen.

Mehdi bleibt vor Tom und Vincent stehen.
Die beiden sehen ihn erstaunt an.
„Was willst du denn?", fragt Vincent und klingt dabei gar nicht freundlich.
„Kann ich helfen?", fragt Mehdi.
Vincent lacht. Und Tom meint: „Wie willst du denn helfen? Bist du vielleicht bei der Polizei?"
Mehdi zuckt mit den Schultern und schüttelt den Kopf.
„Lass uns in Ruhe", zischt Tom. Er kniet sich auf den Boden.
Dort wühlt er in seiner Tasche herum.
„Nichts. Es ist wirklich weg."
Tom steht wieder auf und tritt mit seinem Fuß gegen die Badetasche. Sie fällt um. Eine **Tube** mit Sonnencreme und ein Paar Kopfhörer purzeln ins Gras.

„He, vielleicht hat er dein Handy ja geklaut!", ruft Vincent plötzlich. Er zeigt mit einem Finger auf Mehdi.
„Nein!" Erschrocken zuckt Mehdi zusammen.
Er ist doch kein Dieb!
Tom sieht Mehdi mit zusammengekniffenen Augen an.
Dann dreht er sich zu Vincent und flüstert: „Lass ihn in Ruhe."

Mehdi lässt seine Schultern hängen, geht zurück zu seinem Handtuch und setzt sich. Er wollte doch nur helfen! Mehdi überlegt. Ob wirklich jemand Toms Handy gestohlen hat? Mehdi kann sich nicht erinnern, eine verdächtige Person in der Nähe von den Handtüchern der beiden gesehen zu haben. Aber er hatte ja auch für einige Minuten seine Augen geschlossen.

Mehdi hört, wie Tom und Vincent laut miteinander reden.
„Wenigstens glauben sie nicht mehr, dass ich ein Dieb bin", denkt Mehdi.
„Wir müssen zum Bademeister gehen und ihm von dem Diebstahl erzählen", hört er Tom rufen.
Aus seiner Tasche, die neben dem Handtuch liegt, holt Mehdi sein eigenes Handy heraus. Er tippt ein bisschen darauf herum.

Kein Anruf. Keine Nachricht. Plötzlich hat Mehdi eine Idee.
„Wartet!", ruft er und springt auf. Schnell läuft er Tom und Vincent nach, die schon auf dem Weg zum Bademeister sind. Die beiden bleiben stehen und drehen sich um. Mehdi ist etwas außer Atem, als er näher kommt.

„Bist du sicher, dass dein Handy gestohlen wurde?", fragt Mehdi. „Natürlich. Es ist nicht mehr in meiner Tasche", brummt Tom ärgerlich. „Dort hab ich es reingelegt.
Und nun ist es weg. Wo soll es denn sein, du **Schlaumeier**?"
„Ich weiß nicht. Aber ..."
Mehdi senkt seinen Blick.

Aber dann räuspert er sich und hält sein eigenes Handy hoch.
„Damit können wir es vielleicht finden. Oder die Person, die es gestohlen hat", sagt er.

„Und wie?“, will Vincent wissen und tippt sich an die Stirn.
Tom kommt neugierig einige Schritte näher.

„Gib mir deine Telefonnummer“, sagt Mehdi und legt einen Finger auf sein Handy.
„Ach so“, grinst Tom.
Er hat verstanden, was Mehdi vorhat. Auch Vincent kann sich vorstellen, was Mehdi machen will.
„Darauf hätten wir auch kommen können“, murmelt er und schaut Mehdi über die Schulter.

Tom kratzt sich am Kopf und überlegt. Seine eigene Nummer kann er sich nur schwer merken. Endlich fällt sie ihm ein.
Er sagt Mehdi erst die Vorwahl. Dann die Nummer: „4 02 98 18.“
Mehdi tippt alle Zahlen in sein Handy. Er drückt auf „Abheben“ und hält sich das Gerät an sein Ohr. Mehdi hört, wie es **tutet**.
Tom und Vincent treten ungeduldig auf der Stelle.

Auf einmal hören sie es: „Blingling, blingling, blingling!“
„Da!“, ruft Tom und rennt los.
Das Klingeln kommt von rechts. Dort ist der Kiosk, an dem es Eis, Pommes und Getränke zu kaufen gibt.
Mehdi und Vincent laufen hinter Tom her. Alle drei bleiben direkt vor dem **Kiosk** stehen.
Sie sehen sich um. Das Klingeln ist verstummt.

„Los, versuche es noch mal“, schlägt Vincent vor.
Mehdi drückt wieder auf sein Handy.
„Blingling, blingling, blingling!“
„Es muss hier irgendwo sein“, ist sich Tom sicher.
Aber keiner der drei kann ein Handy sehen.

„Hallo, sucht ihr etwas?“, fragt eine Stimme.
Eine Frau steckt ihren Kopf aus dem **Kiosk**fenster.
Mehdi, Tom und Vincent kommen näher.
„Ja, mein Handy“, erklärt Tom.
Die Frau lacht. Dann bückt sie sich. Als sie sich wieder aufrichtet, hat sie ein Handy in der Hand.
„Das hier vielleicht?“, fragt sie.

„Ja, das ist meins!“, ruft Tom.
Vincent grinst und klopft Mehdi auf die Schulter.
„Das nächste Mal würde ich besser auf meine Sachen aufpassen“, sagt die Frau.
Erleichtert nimmt Tom sein Handy entgegen.

„Oh Mann, und ich dachte, du hättest es geklaut“, murmelt Vincent und sieht Mehdi **verlegen** an.
„Jetzt ist es ja wieder da“, meint Mehdi und lächelt.

„Ich habe es wohl hier vergessen, als ich vorhin ein Eis gekauft habe", gibt Tom zu.

Dann dreht er sich zu Mehdi und murmelt:
„Danke, du bist ein echter Kumpel."
„Kumpel?"
Mehdi versteht nicht, was Tom damit meint.
„Ein Freund", erklärt Vincent.
Tom nickt und boxt Mehdi auf den Arm.
„Ja, wir sind Kumpel", lacht Mehdi und boxt zurück.

„Wollen wir zusammen vom **Sprungbrett** springen?", fragt er und sieht Tom und Vincent an.
„Na klar! Ich muss nur noch mein Handy zurück in meine Tasche legen", sagt Tom.
„Mehdi, hol mal dein Handtuch und leg es neben unsere", schlägt Vincent vor. „Dann fragen wir jemanden, ob er auf unsere Sachen aufpassen kann."
„Genau, dann können wir in Ruhe miteinander ins Wasser gehen", grinst Tom.
Das ist eine gute Idee von seinen neuen Freunden, findet Mehdi und nickt.

→ Arbeitsaufträge:

1. Wo ist Mehdi gerade? Kreuze an:

❑ auf dem Fußballplatz
❑ in der Schule
❑ im Schwimmbad
❑ zu Hause
❑ im Krankenhaus

2. Weißt du, was es alles in einem Schwimmbad gibt? Kreuze die richtigen Antworten an. (Mehrere Antworten sind richtig).

❑ eine Liegewiese
❑ ein Schwimmbecken
❑ ein Sofa
❑ eine Tafel
❑ ein Sprungbrett

3. Wie heißt das Schwimmbad, in dem Mehdi ist? Schreibe auf:

....

4. Wie ist Mehdi ins Schwimmbad gekommen? Schreibe auf:

....

5. Lies noch einmal nach: An welchem Tag spielt die Geschichte? Welcher Tag kommt davor? Welcher danach?

heute: ....

gestern: ....

morgen: ....

6. Richtig oder falsch? Kreuze an:

	Richtig	Falsch
Mehdi ist allein im Schwimmbad.	❑	❑
Mehdi kennt nicht viele Leute.	❑	❑
Mehdi hat Toms Handy gestohlen.	❑	❑
Mehdi hat eine Idee, wie man Toms Handy finden kann.	❑	❑
Toms Handy ist beim Bademeister.	❑	❑
Mehdi, Tom und Vincent sind jetzt Freunde.	❑	❑

7. Wie verhält sich Vincent am Anfang gegenüber Mehdi? Kreise die richtigen Wörter ein:

nett — freundlich

unfreundlich — gemein

schüchtern — wütend

rücksichtsvoll — höflich

8. Weißt du, wie man stattdessen sagen kann? (Genitiv) Schreibe auf:

Das Handtuch von Mehdi

Mehdis Handtuch

Das Handy von Tom

....

Die Idee von Mehdi

....

Die Freunde von Mehdi

....

9. Stell dir vor, Mehdi würde von gestern erzählen. Welche Wörter würde er dann verwenden? (Präsens – Präteritum)

Heute liege ich. Gestern **lag** ich.

Heute springe ich. Gestern .... ich.

Heute fahre ich. Gestern .... ich.

Heute rufe ich. Gestern .... ich.

Heute schwimme ich. Gestern .... ich.

Heute sage ich. Gestern .... ich.

Glossar – Erklärung schwieriger Wörter

Geschichte	Seite	schwieriges Wort	Bedeutung
1. Kino in Hamburg	S. 8	kickern	Tischfußball spielen
	S. 8/9	Kicker, Kickertisch	Spieltisch, an dem man Tischfußball spielt
	S. 8	Viertel	Stadtteil, Wohngegend
	S. 8	Volltreffer	Schuss/Wurf, der das Ziel genau trifft
	S. 8	schnuppern	einatmen, riechen
	S. 9/11 /14	grinsen	lächeln, schmunzeln, den Mund verziehen
	S. 10	Spielstange	Stock mit den Kicker-Spielfiguren
	S. 10/11	Tresen	Theke, an der man Getränke kaufen kann
	S. 11	trotten	langsam gehen
	S. 11	murmeln	flüstern, leise sprechen
	S. 12	Detail	Einzelheit
	S. 12	Gänsehaut	wenn sich die Haut bei Kälte oder Spannung zusammenzieht
	S. 12	pleite sein	kein Geld haben
	S. 16	Skala	Reihenfolge, Einteilung zur Bewertung

2. In Berlin verlaufen	S. 20	Trödel	alte, gebrauchte Sachen zum Verkaufen
	S. 21/26	Waggon	ein Abteil im Zug
	S. 22	Klingelbrett	Feld, auf dem alle Klingeln des Hauses zu finden sind
	S. 26	Getümmel	hier sind viele Menschen unterwegs
	S. 26	Zimt	ein rotbraunes Gewürz zum Backen
	S. 27	schlecken	lecken, essen
3. Ein Fußball-turnier in Köln	S. 34	Trillerpfeife	Pfeife zum Hineinpusten, die schrille Töne macht
	S. 35	schielen	schief schauen, blicken
	S. 35	außer Puste sein	außer Atem, atemlos sein
	S. 36	Diskussion	Gespräch über verschiedene Meinungen
	S. 36	nachhaken	nachfragen
	S. 37/39	dribbeln	den Ball durch kleine Stöße nach vorn bewegen
	S. 37	donnern	Geräusch, das entsteht, wenn man einen Ball gegen etwas schießt

4. Geburtstag feiern in München	S. 46	Gemeinde-haus	Haus, das zu einer Kirchengemeinde gehört
	S. 47	Kicher-erbsen	Gemüse aus dem Mittelmeerraum und dem Orient
	S. 49	Kommode	Möbelstück mit Schubladen
	S. 49	Geraschel	Geräusch
	S. 50	nach Luft schnappen	heftig atmen, schwer Luft holen
5. Ärger in Stuttgart	S. 60/61 /66	Sprungbrett	wippendes Brett, von dem man ins Wasser springen kann
	S. 60	Plätschern/ plätschern	Geräusch von Wasser, das sich bewegt
	S. 61	Beckenrand	Rand des Schwimmbeckens
	S. 62	wedeln	Arme bewegen, winken
	S. 62	Tube	Verpackung, die man biegen und drücken kann
	S. 63	Schlaumeier	Scherzwort für jemanden, der denkt, er sei klug
	S.64	tuten	Geräusch von einem Telefon oder Handy
	S. 65	Kiosk	Verkaufsstand, kleines Haus, wo man Zeitungen und Süßigkeiten kaufen kann
	S. 65	verlegen	hilflos, beschämt
	S. 68	stattdessen	an Stelle